Haciendo el gesto

TORCUATO GARRIDO

"Un texto breve no es un pronunciamiento presuntuoso,
sino un gesto
que se disipa apenas esbozado"

Escolios a un texto implícito I,
Nicolás Gómez Dávila

CONTENIDO

AGRADECIMIENTOS

Si no fuera por mis padres, este texto hoy no podría ser leído. Si no fuera por ellos, y por mis hermanos y familiares más cercanos, mi experiencia vital no hubiera sido la misma. Si no fuera por mi mujer y mis hijos, seguramente habría escrito otra obra o estaría en el tintero de una pantalla en blanco.

1. LA VIDA

La vida es fugaz: se dirige al final como una exhalación.

La vida es un suspiro: transcurre entre una inhalación y una exhalación.

La vida es genial, está repleta de inspiraciones.

2. EL RECHAZO

El rechazo de Dios es el aborto de la inteligencia.

Si una nación fuera decididamente universal, la inmigración nada importaría. Todos terminarían siendo asimilados.

Oponerse a una opinión no tiene consecuencias irreversibles. Rechazar una verdad, sí.

Las verdades se reciben. Las opiniones se dan.

El ruido de fondo de la actualidad es un murmullo insignificante y lo dramático es que ponemos la vida en ello.

El aparente silencio de Dios es la realidad más trascendental del universo, además de garantía de nuestra personal elección. Él, que ríe el último, lo hará con una bondad encantadora.

La libertad no consiste en autodeterminarse sino en teledirigirse.

- Soy inteligente y voluntarioso. Sólo necesito la ayuda de mis iguales y, en muchos casos, ni eso.
- Pues tienes una visión muy cortoplacista de la vida.

- Vivo pegado al terreno. La realidad es la que es y condiciona lo que hago. No sólo reacciono, también propongo acciones para mejorar....
- ¿Mejorar? ¿Qué?

No es cierto que la vida sea corta. Lo que es breve es el tiempo para optar por una felicidad sin límite.

Cuánto se ha escrito. Cuánto se ha dicho. Cuánto se ha conocido sobre la verdad del hombre. Y sólo ha sido necesaria su revelación a un puñado de personas a lo largo de la diminuta cronología de tiempo que llamamos Historia.

Silenciar al padre es el objetivo del mal hijo, pero aquél sabe bien cómo hacer llegar sus mensajes.

Algunos dicen que la verdad es inexplicable, sin contar con la lucidez que provoca el descubrimiento de una nueva realidad para la ciencia. La verdad es más real que la farola con la que te das de bruces.

Han existido dogmáticos, amantes y defensores de la verdad, que no sólo han escrito versos sino poesía sublime.

De la defensa de la verdad fluye la mejor lírica.

El hombre común aspira a ser recordado. El hombre sabio aspira a ser perdonado.

3. CADA UNO

Cada uno corre una carrera de final desconocido. En este mundo, todos los días deben ser revisados, pero hasta pasar el último examen, no sabremos si hemos aprobado.

Epitafio: El alma no se pone en un cenicero.

(Moraleja: El sueño de un fumador empedernido es que las cenizas vuelvan a su forma original).

Este mundo necesita continuos fuegos de artificio para evitar su profunda oscuridad. Ésta es fruto de una libre elección de los hombres.

Amor. El atisbo que vivimos será, al fin, plenitud.

Pedir perdón es propio, solamente, del que hace algo mal. Pero no es mi caso.

Eso que llaman "curva de la experiencia" no es intelectual sino abdominal. Al menos, en la mayoría de la población masculina.

Hice un profundo sondeo en la finca familiar para conocer quién la habitó en el pasado. Sólo extrajeron rocas de distinta naturaleza. Ya entiendo por qué tengo la cabeza tan dura.

Los chistes sobre el infierno son como cuando, ante una enfermedad mortal, te dicen: "no te preocupes, al menos no te va a doler".

Conforme pasan los años vamos haciéndonos más pequeños ante el porvenir.

El que quiera cumplir cadena perpetua compartiendo una celda masificada, repleta de demonios, que siga negando la verdad sobre esta realidad invisible.

Alejarse del mundo no es de astronautas.

¿Por qué tantas veces, aquello aparentemente inútil, colma todas las ansias del corazón humano?

El ser humano es animado por lo espiritual. La materia es sólo un combustible temporal: una batería de usar y tirar.

4. LAS IDEAS

Las ideas, y sus formulaciones, pasan. La verdad y su articulación trascienden.

Vivimos en la era del sucedáneo: café descafeinado, refresco sin azúcar, cerveza sin alcohol, alimentos sin calorías, monarquías sin rey.

Los que más sufren son los que menos aman.

Nuestras consolidadas democracias occidentales han configurado las naciones moralmente más endebles de la Historia.

Se ha demostrado que este sistema político, con sufragio universal y partidos políticos, no construye sociedades sólidas sino todo lo contrario.

La competencia por el espacio político tiende a rebajar las exigencias al electorado, convirtiéndolo en masa maleable, pero contenta.

Los demócratas en el poder, engordando el Estado, miniaturizan al individuo elector, al que -previamente- han desarraigado.

Creo firmemente en un gobierno mundial, con numerosas naciones soberanas y hermanas. Un solo Señor, una sola Fe, un solo Bautismo, un solo Dios y Padre. Pero, por favor, dejen a los panaderos organizar su profesión.

Preferiría inundar el mundo de amor. No de riqueza.

El cuerpo -la materia- es lo que se apega al mundo. Esa fuerte adherencia a él provoca los estertores de la muerte. El alma está deseando salir de su jaula.

La nación modelo es aquélla que no pide prestado y crece sólo por el movimiento natural de su población. La sociedad del bienestar ha malogrado cientos de millones de almas.

El problema no está en la naturaleza sino en creer que podemos crearla de nuevo.

Sí, puedes pensar que todo se acaba cuando expiras. Pero eso no te da derecho a otorgar herencia a favor de una mascota, antes que a tus hijos.

En Bachillerato elegí Geología en lugar de Química. Entre otras cosas, eso me hizo entender que este planeta permanecerá como lo conocemos, hasta la próxima glaciación -o como se le llame en ese momento-. O sea, hasta que Dios lo permita. No hasta cuando lo prevean nuestros irrisorios "registros históricos".

El CO2 no mueve montañas.

La historia de la humanidad es un pésimo producto de márquetin. Que "sepamos", al menos nos han visitado seres extraterrestres en tiempos de la civilización egipcia, en la américa precolombina y, asiduamente, después de la segunda guerra mundial. Nunca nos han hecho una OPA.

A estas alturas, la muerte no es un secreto.

El amor es la carta de garantía vitalicia con la que venimos al mundo.

La vida es la única carrera donde no divisamos el final, aunque conozcamos la meta.

Objetivos del milenio. Plantar un árbol, tener un hijo, escribir un libro. Gozar de salud, que no nos falte el trabajo, amar y ser correspondidos. ¿Qué es todo eso frente a ver a Dios cara a cara? Científicamente hablando, claro.

Soy cordobés. Del sesenta y ocho. Aquéllos que dicen que tenemos sangre de los pueblos que nos invadieron en el siglo octavo, no nos conocen. Pregúntenle a cualquier abderramán cómo valora el clima estival de Córdoba y, luego, vayan a proponerle la misma cuestión a un paisano mío.

El juicio a los demás es un hijo bastardo de nuestra inteligencia. Y la inteligencia, un don gratuito y exclusivo que recibimos para cosas más importantes, como la siesta.

La estupidez es un atributo humano universal de imposible erradicación. Aflora, sin remedio, en numerosas ocasiones a lo largo de la vida.

Enviamos a un atleta transhumano a las Olimpiadas de Sydney. Teníamos todas las esperanzas puestas en él. Ya saben: "superar Barcelona 92". No llegó a competir. Se cruzó con una juez de silla sueca. Hoy tiene 14 hijos de última generación.

Mírate de nuevo al espejo. Verás que no eres el mismo.

El problema histórico de España reside, como en muchas naciones multiseculares, en utilizar una solución sociopolítico-cultural-organizativa única para tratar todas las circunstancias que se dan en el tiempo y en el espacio. ¿Nadie ha oído hablar de la idiosincrasia?

Fomentar la actividad física y deportiva es un bien indudable desde la más temprana edad. Sobre todo, si hay subvenciones de por medio.

En la Antigua Roma, el Imperio no fue posible sin la Dictadura. La Dictadura, sin la República. La República, sin la Monarquía. En la postmoderna Europa, nada es posible sin la Oligarquía.

Si no te quieres a ti mismo, seguramente te aburrirán los demás.

Estuve fuera de mi país más de tres años, investigando en una selva inhóspita de Brasil. Cuando volví, me di cuenta de que no hablaba ya el mismo idioma.

5. PARA SER

Para ser infeliz hay que ser muy valiente.

Lo peor de una dictadura no es la falta de libertad sino la falta de límites para ejercer el poder. Hoy muchas democracias parlamentarias sufren este mal.

Los límites para ejercer el poder político en una comunidad organizada en Estado deben ser verdades positivas inquebrantables.

Hoy un país existe mientras lo permita el lubricado engranaje financiero internacional. Entonces, soberano ya es, solamente, una marca de brandy.

Los que prometen cumplir la ley tienen la misma credibilidad que aquéllos que se unen con su "pareja" mientras les va bien. El mundo actual es un icono de esta mentalidad.

Hoy todo es artificial, hasta la inteligencia.

Un buen libro es el mejor aventador de preocupaciones.

- Alternativas al móvil y la televisión: charlar con vecinos, amigos y familiares y, sobre todo, leer buena literatura.
- Pero ¡hay tiempo para todo!
- ¡¡¡No!!!

Para ser persona es fundamental saberse criatura.

La autoridad no se mendiga.

Una buena vida soluciona el más acá. Una vida buena, el más allá.

No hace falta ser un héroe para merecer la vida eterna. Basta con intentarlo.

El insecto que se libera de la tela de araña es como la persona que escapa de las redes sociales: un bicho raro.

Toda civilización ha tenido su "pan y circo".

Una serie de televisión o una telenovela son los narcóticos patrocinados por la posmodernidad.

Buscar a Dios es tan natural como buscar un oasis en el desierto.

La mentira siempre está a nuestro alcance.

La táctica es el sonido de un reloj, al revés.

Después de la muerte hay muchos decimales.

Si la verdad no existiera, sería imposible creer.

Es injusto encerrarse en uno mismo.

La infancia te graba a fuego lo que nunca dejarás de ser.

Los pesimistas, de un tiempo a esta parte, tienen las manos atadas.

Lo normal es que cada cual, en su casa, establezca criterios; en su profesión, contribuya a su buen gobierno; en su ciudad, coopere a su administración.

En mi casa soy un pintamonas; mi profesión depende de personas y grupos que no la conocen; mi ciudad es lo que quiere una oligarquía inaccesible.

No hay mayor totalitarismo que aquél que determina lo que se puede decir y lo que no. O sea, aquél que limpia, fija y da pavor.

La infelicidad es la incapacidad de amar.

Cada oveja con su pareja. En este mundo sólo quedan animales.

Los novios, como tortolitos arrullaban sus cuitas. Los esposos, como columnas, construían su familia. Las parejas, como ovejas, siguen al rebaño.

El amor es compatible con la necedad.

Para escribir correctamente no sólo es necesario leer mucho, sino ponerse a escribir.

Un hermano no se enfrenta a otro si no se interpone una mala idea.

La democracia es el menos malo de los sistemas políticos para los demócratas liberales.

Un sistema político sólido, cohesionado y con futuro, impide que en su interior actúen fuerzas centrífugas.

El liberalismo nació hecho añicos. Los partidos políticos son las innumerables esquirlas del frágil jarrón de la democracia liberal.

La humanidad ha mejorado su situación material a pesar de los partidos políticos.

Para abrir nuevos caminos es preferible dejarse guiar.

La mentira es la llave inglesa de los irresponsables.

El minimalista se aleja de las cosas porque no puede evitar a las personas.

Dar la vida por otro no tiene sentido para los que hablan el idioma contemporáneo de la contraprestación.

Tengo muchos años. Espero haber amado tanto como he dormido.

Para defender al hombre es imprescindible ser consciente de su condición, de su esencia.

El partidario pretende otear el inmenso océano con un simple catalejo.

Cada verdadera poesía tiene su contraseña única.

Afirmar que los fundamentos de lo que es el hombre han sido establecidos por votación, es como decir que en un congreso científico se ha decidido que el Everest es cumbre de la Tierra.

Los que encumbran la libertad como valor supremo están en contra del Decálogo, o sea, de su autor.

Como en los videojuegos, si tienes ideales, si tienes fe, intenta siempre subir de nivel. Es fácil ser aniquilado por los mediocres.

El error constitucional es hacer de la política una religión.

Ser un buen ciudadano hoy es ser activo políticamente.

Pese a estar todo orientado a ello, el *'zoon politikon'* es cosa de la antigüedad.

El interés general más notorio, en asuntos públicos, es que los políticos desaparezcan.

Hay una ansiedad reprimida pero efervescente, por borrar del mapa este sistema partidista.

La estupidez es una condición humana, pero es aún peor la animalidad.

Los políticos conservadores enarbolan como virtud la prudencia, pero la astucia de los autodenominados progresistas les ha ganado, hasta hoy, por goleada.

La legitimidad de las urnas se ha convertido en el billete de ida a lo desconocido.

A veces, la historia se repite porque nunca debió de cambiar.

La mentira es una pésima administradora.

Las omisiones son una carga difícil de soportar.

Cuando te diga tu hijo: "Papá, tú no me entiendes", es hora de hacer ese curso a distancia que te recomendaron.

Tenemos todo lo necesario para conocer a Dios, excepto quien nos lo presente.

Estoy intentando cocinar con inteligencia artificial, pero no le cojo el punto a la sal.

Desde que supe que la electrónica tiene fecha de caducidad, compro la leche fresca del día.

Se han perdido las señales que marcaban los límites del camino (por eso muchos acaban en el fondo del precipicio) y es tan difícil volver a él.

Sólo hablan de crisis de valores los intermediarios del mercado financiero tras una jornada negra.

Vivimos entre placeres momentáneos y vacíos interminables

El aborto y la eutanasia son frutos de un mundo que considera insoportables la incomodidad, el dolor, la contrariedad, las penurias, la muerte; que se niega a aceptar su condición humana.

El Renacimiento fue una época en la que el hombre quiso ser pájaro y acabó desplumado.

El hombre, criatura perfecta, no tiene fecha de caducidad.

Dar a luz es un maravilloso misterio, no mayor que encender un interruptor.

Mientras menos escribo, menos cosas me quedan por decir.

6. LA POESÍA

La poesía es un esfuerzo sistemático de búsqueda de la aguja en el pajar.

Propongo una suscripción popular para erigir una estatua al asalariado desconocido.

Dios existe. Hay testigos.

El único Dios verdadero ha ido dejando migas de pan por el camino.

El perdón es imposible sin conciencia de pecado.

Ser afiliado a un partido político es una de las cosas más importantes que se deben evitar.

Para un partido político el primer objetivo no es el bien común, sino el interés del partido, su "estrategia". Y si, cada vez, el voto está menos repartido, mejor.

Caminar sin rumbo es la forma más sencilla de sufrir una lipotimia en verano.

Las cabras no se enfadan.

El sol no se despide al salir.

Las actividades humanas generan residuos sólidos, líquidos y gaseosos. La política, al parecer, lodo.

Para recordar a Dios hay que escuchar hacia adentro.

Por muy ateo que seas en España, si metes la pata será muy difícil librarte de un sambenito.

Del amoral siento compasión, del inmoral, indignación.

A veces nuestras actitudes hacia alguien dependen sólo de un prefijo.

El bienestar del mundo entero empieza en el de cada individuo.

Las agencias espaciales suelen seleccionar perfiles excéntricos para sus misiones. Tienen que mostrar comportamientos exorbitantes.

El embustero es un mentiroso 2.0.

La cigüeña es una especie extinguida en París.

Dónde quedan aquellos tiempos en los que el cronista oficial de la ciudad no era elegido por un partido político.

El problema de la interpretación única de la Historia es que, cada uno, tiene una masa cerebral personal e intransferible.

Casi todos conocemos personas cuya única habilidad ha consistido en situarse en el organigrama de un partido político.

El mayor inconveniente de las ideologías es su artificiosidad y el liberalismo es la madre de todas las que hoy perviven.

Las verdades no son ni grandes ni pequeñas. Las mentiras sí.

Las cenizas son la apariencia de la muerte.

Comer con las manos es darle la razón a Darwin.

Epitafio: "Tonto el que no crea".

-- "Me agarró fuertemente la mano, como queriendo evitar la partida, antes de darme jaque-mate".

Prefiero un Juicio Particular rápido y directo, antes que tener que esperar a Caronte y pagarle el pasaje. Más aún con las colas que se formarán y el precio del billete.

La siesta no se duerme en diez minutos.

Los artistas barrocos adornaban lo que no se veía. Se ve que los artistas postmodernos no adornan.

El mejor momento del día no existe.

Tener discípulos era mérito del buen maestro. Tener seguidores es el afán del exhibicionista.

Hoy es más fácil que nunca conocer y más difícil saber.

Un pueblo puede progresar sin que crezca su economía, sin perseguir el cielo en la tierra.

Los valores más necesarios no cotizan en bolsa.

A veces los hombres engendran homínidos.

Quiero ser más humilde cada día: me estoy aficionando al *hummus*.

7. EL ESTADO

El Estado es una masa informe con una propensión elevadísima a engordar.

El primer desarraigo fue el paso de la humanidad hacia la urbanidad. El último, la promoción al nomadismo digital.

La colocación de incapaces en puestos destacados de la esfera pública incapacita al Estado para colocarse en una posición competitiva.

Los partidos políticos de España son las organizaciones más arcaicas, inmovilistas y cerradas de su Historia. La Inquisición fue un ejemplo de modernidad y vanguardismo, salvando la distancia de los siglos.

La Cristiandad llegó hasta donde el hombre quiso -y Dios permitió- porque Él quiere que todos los hombres lleguen al conocimiento de la Verdad.

Como Dios quiere que todos le conozcan, ese día llegará. Y se hará unos *selfis* memorables.

Hubo un momento en la historia de España en el que existieron más chiringuitos playeros que en las administraciones públicas.

Llegará el día en el que salir de casa será una concesión del Estado.

Los progresistas nos han hecho progresar tanto que ya sólo hay margen para el retroceso.

La participación de todos en la política asegura que toda la política sea "del montón".

Si quieres tener un éxito asegurado, lee y pon en práctica los Evangelios.

Reproches, insultos, enfrentamiento. La dialéctica barata corrompe la democracia. Resultado: demagogia.

Gobernar desde el cinismo y la ironía es la impotencia de los ineptos.

Acabo de cronometrar el contenido de un telediario: 20% disputas de partidos, 35% sucesos escabrosos, 10% deportes, 15% meteorología, 20% mensajes políticamente correctos. ¿Dónde está la sociedad?

8. EL QUE

El que no sabe sufrir, no sabe vivir.

Entrar en una catedral con un guía turístico es como dejarse operar por un veterinario.

Los problemas se acentúan al mismo tiempo que se multiplican los órganos del Estado creados para resolverlos.

La desregulación fomenta la libertad. Cada cual es capaz de ordenar su casa, participar en el gobierno de su profesión y de su comunidad.

La multiplicación de los gobiernos divide su autoridad.

Reniega de la modernidad y acertarás.

Las grandes cabezas pensantes creen que todo es comprensible. Sólo los humildes entienden que existen verdades que hay que creer.

Siempre que escribas, abrevia.

No hables nunca sin escuchar primero.

Degeneración es lo que queda tras las sucesivas embestidas a la tradición por parte del idealismo.

La libertad y autonomía de una sociedad dependen de su relación con Dios.

Las estructuras de pecado, de acero y hormigón, se consolidan tras la aceptación de la denominada *libertad religiosa*.

Ya no es necesario conocer a Dios, su Creación, su Revelación. Basta sentir su existencia o inexistencia.

La ambigüedad es el código intelectual de la sociedad posmoderna.

La permanencia del ser se opone radicalmente a las modas ideológicas.

9. LAS ELECCIONES

Las elecciones generales sirven generalmente para mantener el desorden establecido.

Las personalidades fuertes de los siglos pasados han sido sustituidas por seres dibujados y atornillados.

El igualitarismo es la máquina del desorden.

Para alcanzar una igualdad real entre los seres humanos, habría que derribar demasiados muros.

La recaudación de impuestos es una concesión de la sociedad al Estado sin fecha de vencimiento.

La creencia en un crecimiento permanente de la economía sólo es sostenida por el interminable engrosamiento de un Estado elefantiásico.

10. EL HOMBRE

El hombre justo lo es, incluso cuando muestra su enfado ante el rechazo de su opinión. Esta afirmación es también válida para el hombre injusto.

El liberal confía en algo pese a no tener soluciones de causa-efecto. Si algo sale mal, ya definirá un teorema o ley a posteriori. La desconfianza del comunista hacia la humanidad es lo que le lleva a la bacanal de la prohibición.

Las supuestas ideologías -los partidos- gobiernan en demagogia, no en democracia.

El cambio climático es la penúltima vuelta de tuerca del totalitarismo demagógico.

Ser minoría es ser políticamente incorrecto. Por eso la minoría política se esfuerza tanto en no serlo.

Siempre iremos un paso por detrás de los apóstoles del progreso.

El liberalismo es el tronco de un árbol grueso, afectado por mil enfermedades, cuyas innumerables ramas son las supuestas facciones partidistas que se dicen ideológicas. La idea común a todas ellas es que el hombre sólo es verdaderamente libre si prescinde de Dios.

Occidente exportó al mundo, líquido o sometido, el liberalismo como solución final. Y, efectivamente, lo liquidó o sometió. El resto del mundo se subió a alguna de sus ramas o se mantuvo virgen, unido a sus creencias religiosas más profundas.

Prejuzgar es escudarse frente a necedades furibundas.

Donde todo es urgente no existe planificación.

La sociología marxista es la digna sucesora de la explotación capitalista.

Siempre llega un momento en que un orden desordenado se convierte en caos.

La Verdad es un anuncio muy antiguo que siempre estará de moda y todos ignoran.

En las democracias occidentales la disidencia está muerta por falta de medios (de comunicación).

Si piensas distinto eres carne de ostracismo.

La tradición liberal tiene las piernas muy cortas.

El soporte de una sociedad es todo aquello que repudia cada nueva generación, pero que finalmente lega a la siguiente.

"Todo por el pueblo, pero sin el pueblo", sentencia de aplicación universal a las democracias "de corte" occidental.

El que no tenga prejuicios que tire la primera piedra.

La guerra es inevitable cuando una sociedad no está preparada para ello.

El buen humor es universal mientras no nos afecte personalmente.

Agradar a los hombres supone ser infiel con uno mismo.

Cuando comprendes un posicionamiento ajeno ante determinada idea, sientes un ligero placer intelectual al tiempo que una parcial desnudez.

Puedes hacer cosas nuevas aunque sólo sepas hacer una.

El círculo de preocupaciones del hombre moderno es él mismo y sus circunstancias.

Los problemas domésticos y laborales son las dos órbitas satelitales del hombre hodierno. Todo es eso y gira en torno a él.

Vivir sin experimentar amor es la antesala del infierno.

Dios no creó los partidos políticos.

Es más fácil predecir la pluviometría de la borrasca de mañana que el precio de la cesta de la compra semanal.

Los curas refractarios no pudieron ser ejecutados en la hoguera. Para ellos, la revolución ideó otro método.

Toda revolución tiene su San Quintín.

La única diferencia entre la izquierda y la derecha, en democracia, es que una miente más que la otra cuando detenta el gobierno.

Si gobernaran los mejores, los cargos públicos no serían retribuidos y no tendrían dedicación exclusiva.

Para enseñar se exige titulación. Para cuidar la salud, también. Igual sucede para cambiar las cañerías. La política rige por completo la vida moderna y puede ser dirigida por indocumentados, elegidos por indocumentados.

La sociedad del bienestar es la coartada perfecta del político para acallar cualquier manifestación de malestar.

El interés general es una decisión por mayoría. El bien común es algo indiscutible.

El libre comercio es un bien social en aquel mercado donde se encuentran productor y consumidor. El mercado internacional de capitales ha conseguido la mayor concentración de riqueza de la historia y la conversión de la clase media en un nuevo *lumpen proletariat*.

Reclamar derechos con vehemencia oculta el vergonzoso incumplimiento cotidiano de obligaciones.

El humanismo es un teórico concepto filosófico-ideológico fallido.

La dialéctica a la que nos tienen acostumbrados los partidos políticos es insoportablemente anodina: emitir denuncias, recibir denuncias.

El hombre sólo puede ser modelo para el mono.

El pensamiento, en muchas ocasiones, es una cortina que utiliza el hombre para esconderse de la incómoda verdad.

La desesperanza es una máquina de deshumanizar.

El capitalista juega con su dinero para acumular capital. El socialista recauda dinero ajeno para domeñar la sociedad.

No hay nada más triste que un hombre desalmado.

El que dice "por fin es viernes" en su centro de trabajo, provoca en su entorno una sensación de vacío interior y angustia difíciles de describir.

El intelectual contemporáneo es un impostor con cultura general.

El sufragio universal es la consagración de la vulgaridad como fundamento social. Sólo debería existir el de las almas.

Los años nos ponen en el lugar que otros ocuparon ese mismo tiempo atrás, sin saber quién estará ahí cuando se cumpla de nuevo ese plazo.

La democracia moderna es el sistema político que permite conocer en un plazo de tiempo relativamente corto, a un mayor número de ineptos al frente del gobierno de una nación.

Los principios generales del ordenamiento jurídico constituyen una de las preguntas que más lucimiento proporciona en las oposiciones a la Administración General del Estado.

El Banco Central Europeo y la moneda única hicieron desaparecer las devaluaciones monetarias. En su lugar, se han multiplicado las morales.

La genialidad es una chispa intelectual que despierta en nosotros el ser trascendente.

Los recuerdos de la adolescencia y del primer enamoramiento pueden tener importantes efectos analgésicos y antiinflamatorios.

El amor no es el pegamento que existe entre dos almas sino el cinturón de seguridad que mitiga el choque frontal de los sexos.

Toda la ciencia y toda la filosofía son sólo un boceto confuso, cuando no equívoco, de la Revelación.

Antes de que el hombre llegara a la Luna, lo hizo la legislación.

Para gobernar un país occidental en el siglo veintiuno hace falta disponer de un sumiso ejército de devotos.

Ni el progresista más optimista soñó nunca con llevar tan lejos su revolución como lo hemos hecho en esta disoluta generación.

El único que conoce el final de la película es Dios.

Este mundo es un paraíso hecho para semidioses, pero inundado de *perroflautas*.

Los diseñadores de la democracia liberal tenían claro que debían alejarse tanto del formato de una comunidad de vecinos como del asambleario.

Todo héroe nacional del pasado es imprescindible para resaltar la condición miserable de algunos personajes contemporáneos.

Del juez se espera justicia. Del político, nada.

La literatura contemporánea está en equilibrio, o sea, en "punto muerto". Su cálculo es simple: coincide con el importe del mayor premio de un certamen de novela, dividido por el número mínimo de ejemplares a vender para mantener la maquinaria en marcha.

En menos de un siglo la sociedad del bienestar nos ha transformado. Antes éramos personas, ahora, *leads, targets, buyers…*

Las únicas conversiones, por tanto, de la era posmoderna se producen en el *funnel* de ventas digital.

La rutina es el pecado mortal del trabajador actual. Si tus tareas son rutinarias, ya debían estar automatizadas. Y tú, emplear tu tiempo aportando valor añadido en las listas del desempleo.

El principio electoral del liberal, "un hombre, un voto" es el igualitarismo artificial más sangrante de las democracias parlamentarias.

Si Dios hubiera querido que la Biblia fuera un libro de Historia, habría inspirado a Flavio Josefo en lugar de a San Juan.

La utilización del criterio histórico en la interpretación de la Biblia es como querer ponerle el pañal de mi hijo a mi abuelo.

Dios se manifiesta al hombre a través de la Historia, pero no le cuenta sus batallitas.

El hombre alcanza su mayor altura cuando se arrodilla.

El fracaso evidente de la humanidad se demuestra al afirmar que progreso es facilitar a las mujeres la eliminación de la criatura que han concebido en su seno.

Una sociedad que se construye sobre el amor libre es como un edificio sustentado por cajas de cartón.

Cuando la libertad es el valor supremo que rige una sociedad, no es posible la autoridad, ni el gobierno, ni el orden, ni la justicia.

53

El definitivo cambio de rumbo se ha llevado a cabo cuando el hombre ha renegado de su esencia.

ACERCA DEL AUTOR

Torcuato Garrido es cordobés, católico, marido y padre de cuatro hijos. Estudió Ciencias Económicas y Empresariales en ETEA, de la Compañía de Jesús, y ha trabajado durante tres décadas en El Mundo, el demonio (las finanzas) y la carne (de porcino, concretamente), entre otras actividades. Sus aficiones, además de leer y escribir son el humor gráfico y la música antigua. Con este libro quiere entretenerte y hacerte pensar un ratito. Sólo un poco.